1 Teig – 50 Torten

einfach beeindruckend

> Autorin: Gina Greifenstein | Fotos: Michael Brauner

Inhalt

Die Theorie

Die Rezepte

Extra

Himmlisch, diese Torten!

Sie sind die Königinnen jeder Kaffeetafel und jedes Kuchenbüfetts – allerdings bedarf etwas, das so gut aussieht, eines gewissen Arbeitsaufwandes und einer kleinen Portion Geduld. Dass sich aber auch »normale« Hausfrauen an unser edles Zuckerwerk heranwagen können, beweist dieses Buch! Tortengenuss für alle, die schon immer das Geheimnis der weltberühmten Sachertorte oder der sagenhaft saftigen Punschtorte ergründen wollten.
Aber auch alle Tortenfans, die Lust auf neue Kreationen haben, werden hier ihre Lieblingstorte finden.

Grundrezept

Als Öl eignen sich alle geschmacksneutralen Sorten. Wegen der hohen Backtemperaturen jedoch keine kalt gepressten Öle verwenden. Als Flüssigkeit sind Säfte, Milch und Milchprodukte, Kaffee oder Wein möglich.
Zusätzlich können zum Mehl gemahlene Nüsse, Schokoraspel usw. untergerührt werden. Auch geraspelte Möhren oder Obstmus geben zusätzlich Saftigkeit.

Die Zutaten

FÜR 1 SPRINGFORM VON 26 CM Ø

- **4 Eier (Größe M)**
- **250 g Zucker**
- **200 ml Öl**
- **200 ml Orangensaft**
- **300 g Mehl (Type 405)**
- **1 Pck. Backpulver**

HINWEISE

Nur den Boden der Form einfetten und mit Semmelbröseln ausstreuen, damit der Teig am Rand »hochklettern« kann. »Im Ofen unten« bedeutet bei Backöfen mit mehr als drei Einschubmöglichkeiten »zweite Schiene von unten«. Gegen Ende der Backzeit mit einem Holzstäbchen in den Kuchen stechen – bleibt noch Teig daran hängen, muss der Kuchen noch ein paar Minuten weiterbacken.

1 *Ofen auf 200° vorheizen. Form vorbereiten. Alle Zutaten abmessen, griffbereit stellen. Die Eier mit dem Zucker in 2–3 Min. in einer Rührschüssel dick-cremig schlagen.*

2 *Öl und Saft unter Rühren zugeben. Je nach Rezept Obstmus oder geraspelte Möhren unterheben. Mehl (Schokoraspel, gem. Nüsse u. ä.) und Backpulver mischen, rasch unterrühren.*

3 *Den Teig in die Backform füllen (s. Hinweise) und im Ofen (unten, Umluft 180°) 40–45 Min. (1/2 Rezept 20–25 Min.) backen. Stäbchenprobe machen!*

Das Handwerkszeug

Für den Teig: Küchenwaage und Messbecher mit Millimetereinteilung sind ideal zum Abmessen der Zutaten. Das elektrische Handrührgerät rührt den Teig mühelos. Um den Teig restlos aus der Schüssel herauszubekommen, einen Teigschaber verwenden.

Zum Backen: Beschichtete Kuchenformen sind praktisch, weil sich aus ihnen der fertige Kuchen sehr gut herauslösen lässt. Sie sollten aber trotzdem gut gefettet und ausgebröselt werden. In diesem Buch wird eine Springform mit 26 cm verwendet.

Zum Teilen: Mit einem langen, scharfen Messer den Tortenboden vorsichtig in 2–3 Schichten schneiden. Praktisch zum Abheben der einzelnen Böden sind Tortenunterlagen aus Aluminium oder Karton.

Zum Fertigstellen: Für flüssige Füllungen oder einen flüssigen Belag benötigt man einen verstellbaren Tortenring von mindestens 8 cm Höhe, den man um die Böden stellt. Eine Palette hilft beim fachmännischen Bestreichen von Torten.

Zum Einteilen: Sehr praktisch ist ein Torteneinteiler aus Kunststoff, damit kann man die Torte in 14 oder 16 gleich große Stücke einteilen. In der Spülmaschine wird er problemlos wieder sauber.

Zum Verzieren: Unverzichtbar sind Spritzbeutel und Tüllen mit verschieden geformten Öffnungen zum Verzieren der Torten. Nicht verzagen: Übung macht den Meister! Mit einem Garnierkamm zaubert man Wellenmuster.

Vom Kuchen zur Torte

Sie haben sicher auch schon die Erfahrung gemacht, dass frisch gebackene Kuchen sehr lecker sind, aber leider auch leicht zerbrechen. Deshalb ist es wichtig, dass der Boden für eine Torte vollkommen auskühlt. Dann ist er gut zu teilen, die einzelnen Böden sind stabil.
Wenn Sie also die Möglichkeit haben, am besten den Boden schon am Abend des Vortags backen. Dann kann der Boden vollständig abkühlen, er lässt sich wesentlich besser teilen und Sie können am anderen Tag gleich mit dem Füllen und Verzieren loslegen.

1 *Für eine plane Tortenoberfläche, die Rundung mit einem Messer abschneiden.*

Boden vorbereiten

Um eine ebene Oberfläche wie beim Konditormeister zu bekommen, muss der Boden eventuell begradigt werden, weil er beim Backen in der Mitte oft höher wird als die Ränder. Schneiden Sie mit einem langen scharfen Messer vorsichtig die ungewünschte Rundung ab.

Boden teilen

Das Teilen des Bodens in mehrere Lagen gelingt am besten mit einem scharfen Messer, das länger als die Torte ist. Schneiden Sie dafür zuerst den Boden ein- oder zweimal rundherum ein und führen Sie dann das Messer in diesem Einschnitt. Die einzelnen Böden werden dann vorsichtig mit Hilfe von Tortenunterlagen oder »Kuchenrettern« abgehoben. Damit die Torte schön gerade wird, die Böden möglichst in der gleichen Reihenfolge wieder zusammensetzen, wie sie waren. Für einen besonders geraden Abschluss gibt es einen kleinen Trick: den Deckel mit der Schnittfläche nach oben auflegen, dann fällt auch die kleinste Rundung nicht mehr auf.

2 *Zum Trennen des Bodens unbedingt ein ausreichend großes Messer verwenden.*

Torten füllen

Füllungen sind oft noch cremig oder flüssig, wenn sie auf die Böden kommen, dann ist ein Tortenring unbedingt notwendig. Aber auch bei anderen Füllungen ist ein Ring hilfreich, denn dadurch können Sie die Böden exakt aufeinander setzen und Sie bekommen eine schöne gerade Torte. Ob mit Ring oder ohne: Die Füllmasse wird immer zuerst in die Mitte des Bodens gegeben und von dort aus mit einem Löffel, einem Messer oder einer Teigkarte gleichmäßig glatt gestrichen. Vor dem Füllen können die Böden mit Likör, Saft oder Kaffee getränkt werden.

Torten bestreichen

– mit Sahne oder Creme:
Bestreichen Sie zuerst die Oberfläche. Um den Rand zu bestreichen, verwenden Sie eine Palette: mehrmals etwas Sahne oder Creme auf die Palettenspitze nehmen und auf den Tortenrand auftragen. Ist er rundherum bedeckt, streichen Sie ein letztes Mal darüber, um eine glatte Oberfläche zu bekommen.

– mit Schokoguss:
Torte am besten vorher dünn mit glatt gerührter und leicht erwärmter Marmelade bestreichen, damit der Guss nicht einziehen kann. Kuvertüre in kleine Stücke schneiden und mit etwas Kokosfett (Palmin) im Wasserbad schmelzen lassen. Das Wasser sollte dabei nicht kochen. Kuvertüre wird besonders schön glänzend, wenn sie zuerst auf 50° temperiert wird, danach lässt man sie abkühlen, um sie anschließend noch einmal schmelzen zu lassen. Die geschmolzene Kuvertüre in die Mitte der Torte gießen und sofort mit einer Palette so verteilen, dass ein Teil an den Rändern herunterläuft. Mit der Palette den Guss am Rand verstreichen.
Falls Sie nicht die ganze Kuvertüre verbrauchen, können Sie Reste trocknen lassen, gut verpacken und für die nächste Torte oder Kuchen verwenden.

3 *Die Palette zum Verteilen der Kuvertüre vorher mit heißem Wasser anwärmen.*

Torten verzieren

Sahne oder Creme in einen Spritzbeutel mit gewünschter Tülle (die Auswahl ist da recht groß) füllen. Den Beutelrand vor dem Befüllen etwa 5 cm umschlagen. Masse nach unten streichen bzw. mit ruckhaften Bewegungen nach unten rutschen lassen und den vorher umgeschlagenen Rand des Spritzbeutels zusammendrehen, damit nichts herausquellen kann. Achten Sie dabei darauf, dass keine Luft im Beutel ist und füllen Sie ihn höchstens drei viertel voll. Beim Spritzen den Beutel senkrecht halten. Mit einer Hand den Beutel fest zuhalten und die Masse mittels Händedruck herausdrücken. Die andere Hand führt den Beutel.
Anfänger können den Umgang mit dem Spritzbeutel üben, indem sie Linien, Rosetten, Tuffs oder Kringel zuerst auf einen Teller spritzen, bevor sie sich an die richtige Torte wagen. Die Creme danach wieder zusammenrühren und kühl stellen.
Und wer sich immer noch nicht traut, spritzt seine Deko für die Torte zunächst auf ein mit Backpapier belegtes Backblech, friert sie ein und dekoriert dann mit gefrorenen Tuffs, die in wenigen Minuten aufgetaut sind.

4 *Der Umgang mit dem Spritzbeutel erfordert etwas Geschick, vor allem aber Übung!*

Die Schnellen

Eine Torte ist ein kleines Kunstwerk. Und ein Kunstwerk braucht bekanntlich Zeit. Zum Glück gibt es aber auch Tortenrezepte, die nicht ganz so zeitaufwändig sind – den Beweis finden Sie auf den nächsten Seiten!

Eines ist sicher: Diese Torten sind schneller aufgegessen als Sie sie gemacht haben!

Blitzrezepte

Sachertorte

FÜR 1 SPRINGFORM (26 CM Ø)

➤ **4 Eier | 250 g Zucker | 200 ml Öl
200 ml Orangensaft | 300 g Mehl
4 EL Kakao | 1 Pck. Backpulver
300 g Aprikosenkonfitüre
350 g Zartbitterkuvertüre
130 g Sahne**

1 | Nach dem Grundrezept (S. 4) aus Eiern, Zucker, Öl, Saft, Mehl, Kakao und Backpulver einen Boden backen. Kuchen einmal quer teilen. Boden mit der Hälfte der Konfitüre bestreichen, Deckel aufsetzen, Torte ringsherum dünn mit Konfitüre bestreichen. Kuvertüre hacken. Sahne in einem kleinen Topf aufkochen, vom Herd nehmen, Kuvertüre darin auflösen. Kurz durchquirlen, etwas abkühlen lassen und Torte damit bestreichen.

Punschtorte

FÜR 1 SPRINGFORM (26 CM Ø)

➤ **4 Eier | 250 g Zucker | 200 ml Öl
200 ml Weißwein | 300 g Mehl
1 Pck. Backpulver | 5 EL Rum
200 g Orangenmarmelade
250 g Puderzucker | 4 EL Zitronensaft | 20 g Kakao**

1 | Nach dem Grundrezept (S. 4) aus Eiern, Zucker, Öl, Wein, Mehl und Backpulver einen Boden backen. Kuchen einmal quer teilen. Rum mit 8 EL Wasser mischen, beide Böden tränken. Boden mit Marmelade bestreichen, Deckel auflegen. Puderzucker und Zitronensaft verrühren, mit 2/3 die Torte überziehen. Restlichen Guss mit Kakao verrühren, spiralförmig auf die Torte spritzen. Mit spitzem Messer Linien von der Mitte nach außen ziehen.

ganz in Weiß

Weiße Mousse-Torte

FÜR 1 SPRINGFORM (12 STÜCK)

- **Für den Teig:**
  4 Eier | 250 g Zucker
  200 ml Öl | 200 ml Milch
  200 g gem. Mandeln
  300 g Mehl
  1 Pck. Backpulver
- **Für Füllung und Garnierung:**
  200 ml Milch
  400 g weiße Schokolade
  2 Eier | 300 g Sahne
  50 g Mandelblättchen

Zubereitung: 50 Min.
Backzeit: 45 Min.
Kühlzeit: 3 Std.

1 | Aus den Teigzutaten nach dem Grundrezept (s. S. 4) einen Boden backen.

2 | Für die Mousse Milch erwärmen, Schokolade hacken und darin schmelzen lassen. Etwas abkühlen lassen, dann Eier trennen, Eigelbe einrühren. Eiweiße und Sahne getrennt steif schlagen und nacheinander unterheben.

3 | Boden zweimal quer teilen. Boden mit Tortenring umstellen, mit 1/3 der Mousse bestreichen, zweiten Boden auflegen, ebenfalls mit 1/3 der Mousse bestreichen. Deckel auflegen und Torte mit restlicher Mousse bestreichen. Mandelblättchen ohne Fett in einer Pfanne rösten und Torte damit bestreuen. 3 Std. kühl stellen.

fein-herb | gelingt leicht

Mokkatorte

FÜR 1 SPRINGFORM (12 STÜCK)

- **Für den Teig:**
  4 Eier | 250 g Zucker
  200 ml Öl
  200 ml starker kalter Kaffee
  50 g Schokoraspel
  300 g Mehl
  Schale von 1 unbehandelten Orange
  1 Pck. Backpulver
- **Für Füllung und Garnierung:**
  5 Pck. Vanillezucker
  250 ml starker kalter Kaffee
  600 g Sahne
  Schokobohnen

Zubereitung: 40 Min.
Backzeit: 45 Min.

1 | Aus den Teigzutaten nach dem Grundrezept (s. S. 4) einen Boden backen.

2 | Boden einmal quer teilen. 2 Päckchen Vanillezucker im Kaffee auflösen und die Böden jeweils mit 6 EL Kaffee tränken. Die Sahne mit übrigem Vanillezucker steif schlagen, 4 EL in einen Spritzbeutel mit Sterntülle füllen. Den restlichen Kaffee unter Rühren in die Sahne einlaufen lassen.

3 | Die Hälfte der Kaffeesahne auf den Boden streichen, Deckel auflegen, mit der restlichen Sahne die Torte rundum bestreichen. Sahnetuffs aufspritzen und Schokobohnen aufsetzen.

TIPP Für noch mehr Aroma: Tränken Sie die Torte zusätzlich zum Kaffee mit 2 EL Kaffeelikör.

im Bild oben: Weiße Mousse-Torte *im Bild unten: Mokkatorte*

raffiniert | schnell

Pudding-Krümel-Torte

FÜR 1 SPRINGFORM (12 STÜCK)

➤ **Für den Teig:**

4 Eier | 250 g Zucker
200 ml Öl
200 ml Orangensaft
100 g gem. Haselnüsse
300 g Mehl | 3 EL Kakao
1 Pck. Backpulver

➤ **Für Füllung und Garnierung:**

2 Pck. Vanillepudding-pulver
1 l Milch
2 EL Zucker

Zubereitung: 40 Min.
Backzeit: 45 Min.
Kühlzeit: 2 Std.

1 | Aus den Teigzutaten nach dem Grundrezept (s. S. 4) einen Boden backen.

2 | Den Kuchen mit einem Löffel so aushöhlen, dass ein 2 cm dicker Rand und Boden stehen bleiben. Die ausgehöhlte Kuchenmasse grob zerbröseln und 5 EL für die Dekoration abnehmen. Pudding mit Milch und Zucker nach Packungsanweisung zubereiten, die Kuchenbrösel untermischen und in den Boden füllen. Mit den restlichen Bröseln bestreuen. Die Torte 2 Std. kühl stellen.

TIPP

Wenn Sie es gerne fruchtig mögen, 1 Glas Sauerkirschen oder 2 Dosen Mandarinen abtropfen lassen und unter die Bröselmasse mischen.

bitter-sweet

Camparitorte

FÜR 1 SPRINGFORM (12 STÜCK)

➤ **Für den Teig:**

2 Eier | 125 g Zucker
100 ml Öl
100 ml Orangensaft
150 g Mehl
1/2 Pck. Backpulver

➤ **Für Belag und Garnierung:**

3 Dosen Mandarinen (à 125 g)
2 Pck. Tortenguss klar
125 ml Campari
4 EL Zucker
400 g Sahne
2 Pck. Vanillezucker

Zubereitung: 40 Min.
Backzeit: 20 Min.

1 | Aus den Teigzutaten nach dem Grundrezept (s. S. 4) einen Boden backen.

2 | Mandarinen abtropfen lassen, Saft auffangen. 20–25 Mandarinenspalten für die Garnierung beiseite stellen. Runde Schüssel (ca. 24 cm) mit Frischhaltefolie auslegen. Tortenguss mit 375 ml Saft, Campari und Zucker nach Packungsanweisung zubereiten. Mandarinen sofort unterheben, in die Schüssel füllen und erstarren lassen.

3 | Sahne mit Vanillezucker steif schlagen, 5 EL in einen Spritzbeutel mit Sterntülle füllen, mit dem Rest den Boden bestreichen. Mandarinenkuppel mit Hilfe der Folie aus der Schüssel heben, vorsichtig wenden und in die Mitte des Bodens setzen. Sahnetuffs auf den frei gebliebenen Rand spritzen und je eine Mandarinenscheibe darauf setzen.

im Bild oben: Camparitorte *im Bild unten: Pudding-Krümel-Torte* ➤

mal was anderes

Minztorte

FÜR 1 SPRINGFORM
(12 STÜCK)

➤ **Für den Teig:**

200 ml Milch
100 g Schoko-Minz-Täfelchen
4 Eier | 250 g Zucker
200 ml Öl | 300 g Mehl
2 EL Kakaogetränkepulver
1 Pck. Backpulver

➤ **Für Füllung und Garnierung:**

300 g Sahne
4 EL Kakaogetränkepulver
20 Schoko-Minz-Täfelchen

Zubereitung: 50 Min.
Backzeit: 45 Min.

1 | Milch erhitzen, Schoko-Minz-Täfelchen grob zerkleinern und darin auflösen. Aus den Teigzutaten nach dem Grundrezept (s. S. 4) einen Boden backen.

2 | Kuchen einmal quer teilen. Sahne steif schlagen, löffelweise das Kakaogetränkepulver unterschlagen, 1/3 auf den Boden streichen, den Deckel auflegen. Torte mit restlicher Sahne rundherum bestreichen. Minztäfelchen schachbrettartig auf die Torte legen.

direkt vom Traumschiff

Eistorte

FÜR 1 SPRINGFORM
(12 STÜCK)

➤ **Für den Teig:**

4 Eier
250 g Zucker
200 ml Öl
200 ml Orangensaft
300 g Mehl
1 Pck. Backpulver

➤ **Für Füllung und Garnierung:**

2 Dosen Pfirsiche (à 470 g)
3 EL Erdbeermarmelade
2500 ml Vanilleeis
400 g Sahne
2 Pck. Vanillezucker

Zubereitung: 55 Min.
Backzeit: 45 Min.
Kühlzeit: 6 Std.

1 | Aus den Teigzutaten nach dem Grundrezept (s. S. 4) einen Boden backen.

2 | Pfirsiche abtropfen lassen, 2 Hälften würfeln und beiseite stellen, restliche Pfirsiche pürieren. Kuchen einmal quer teilen, den Boden mit Marmelade bestreichen und mit einem Tortenring umstellen.

3 | Vanilleeis mit den Knethacken des Handrührgeräts zügig cremig rühren (es darf nicht tauen!), 2/3 des Pfirsichpürees unterrühren. 2/3 der Eismasse in den Tortenring füllen, restliches Püree darauf verteilen, Deckel auflegen und restliche Eismasse darauf streichen. Torte 4–5 Std. im Gefrierfach kühlen.

4 | Sahne mit Vanillezucker steif schlagen. Ring entfernen, Tortenrand mit der Hälfte der Sahne bestreichen, mit Garnierkamm verzieren. Übrige Sahne mit einem Spritzbeutel mit Lochtülle als Gitter auf die Torte spritzen. Torte nochmals im Gefrierschrank 1 Std. kühlen stellen. Vor dem Servieren mit den Pfirsichwürfeln bestreuen.

im Bild oben: Minztorte *im Bild unten: Eistorte* ➤

ein Hingucker

Himbeer-charlotte

FÜR 1 SPRINGFORM (12 STÜCK)

➤ **Für den Teig:**
- 2 Eier | 125 g Zucker
- 100 ml Öl | 100 ml Milch
- 150 g Mehl | 2 EL Kakao
- 1/2 Pck. Backpulver

➤ **Für Füllung und Garnierung:**
- 300 g TK-Himbeeren
- 250 g Schokowaffel-röllchen
- 250 ml Apfelsaft
- 2 Tortenguss rot
- 3 EL Zucker | 400 g Sahne
- 1 Pck. Vanillezucker
- 6 EL Schokoraspel

Zubereitung: 45 Min.
Backzeit: 20 Min.

1 | Aus den Teigzutaten nach dem Grundrezept (s. S. 4) einen Boden backen. Himbeeren auftauen lassen.

2 | Boden mit Tortenring umstellen, die Waffelröllchen am Rand entlang aufstellen. Himbeeren mit Apfelsaft pürieren. Tortenguss mit Püree und Zucker nach Packungsanweisung zubereiten, auf den Boden geben, fest werden lassen.

3 | Sahne mit Vanillezucker steif schlagen. Schokoraspel untermischen und auf die erstarrte Himbeermasse streichen.

TIPP Wenn Sie es geistreicher mögen, tränken Sie den Tortenboden mit 2 EL Himbeergeist.

herb knusprig

Mohntorte

FÜR 1 SPRINGFORM (12 STÜCK)

➤ **Für den Teig:**
- 4 Eier
- 250 g Zucker
- 200 ml Öl
- 200 ml Orangensaft
- 300 g Mehl
- 200 g gemahlener Mohn
- 1 Pck. Backpulver

➤ **Für Füllung und Garnierung:**
- 800 g Sahne
- 3 Pck. Vanillezucker
- 250 g Preiselbeeren (Glas)

Zubereitung: 45 Min.
Backzeit: 45 Min.

1 | Aus den Teigzutaten nach dem Grundrezept (s. S. 4) einen Boden backen.

2 | Kuchen zweimal quer teilen, den Boden mit einem Tortenring umstellen. 400 g Sahne mit 2 Vanillezucker steif schlagen, bis auf 2 EL die Preiselbeeren unterheben. Die Hälfte der Preiselbeersahne auf den Boden streichen, zweiten Boden auflegen, restliche Preiselbeersahne darauf verteilen, Deckel auflegen.

3 | Tortenring entfernen, restliche Sahne mit 1 Vanillezucker steif schlagen, Torte rundherum damit bestreichen, mit einem Löffelrücken kleine Mulden in die Sahne streichen, restliche Beeren darin verteilen.

TIPP Für Schokofans: Heben Sie 100 g Schokoladenraspel unter die Preiselbeersahne.

im Bild oben: Himbeercharlotte *im Bild unten: Mohntorte* ➤

Blickfang jedes Büfetts

Kuppeltorte

FÜR 1 SPRINGFORM
(12 STÜCK)

➤ **Für den Teig:**
4 Eier
250 g Zucker
200 ml Öl
200 ml Orangensaft
200 g gem. Mandeln
300 g Mehl
4 EL Kakao
1 Pck. Backpulver

➤ **Für Füllung und Garnierung:**
1 kg Erdbeeren
600 g Sahne
2 Pck. Vanillezucker
200 g Zartbitterkuvertüre
1 TL Kokosfett

Zubereitung: 45 Min.
Backzeit: 45 Min.
Kühlzeit: 1 Std.

1 | Aus den Teigzutaten nach dem Grundrezept (s. S. 4) einen Boden backen.

2 | Kuchen quer halbieren, die obere Hälfte grob zerbröseln. Erdbeeren waschen, putzen, ca. 20 halbieren und beiseite stellen, den Rest klein schneiden. Sahne mit Vanillezucker steif schlagen, Kuchenbrösel und Erdbeerstücke unterheben, auf den Boden geben. Mit einer Palette kuppelförmig glatt streichen, diese dafür immer wieder in warmes Wasser tauchen. Torte 1 Std. kühl stellen.

3 | Kuvertüre mit Kokosfett schmelzen lassen, gut verrühren, von oben über die Kuppel laufen lassen und gesamte Torte überziehen, trocknen lassen. Mit den Erdbeerhälften umlegen.

gut vorzubereiten

Quarkschichttorte

FÜR 1 SPRINGFORM
(12 STÜCK)

➤ **Für den Teig:**
4 Eier | 250 g Zucker
200 ml Öl
200 ml Orangensaft
300 g Mehl | 4 EL Kakao
1 Pck. Backpulver

➤ **Für Füllung und Garnierung:**
250 g Mandelblättchen
9 EL Rum
6 EL starker Kaffee
400 g Sahne
2 Pck. Vanillezucker
1 kg Magerquark
200 g Zucker

Zubereitung: 45 Min.
Backzeit: 45 Min.

1 | Aus den Teigzutaten nach dem Grundrezept (s. S. 4) einen Boden backen.

2 | Kuchen zweimal quer teilen, den Boden mit einem Tortenring umstellen. Mandeln ohne Fett leicht rösten. Rum mit Kaffee mischen, alle 3 Böden jeweils mit 5 EL tränken.

3 | Sahne mit Vanillezucker steif schlagen. Quark mit Zucker verrühren, Sahne und 200 g Mandeln unterheben. 1/3 der Masse auf den Tortenboden streichen, zweiten Boden auflegen, zweites Drittel Quarkmasse darauf verstreichen. Deckel auflegen, Tortenring entfernen, mit restlichem Quark Torte rundherum bestreichen, mit restlichen Mandelblättchen bestreuen.

im Bild oben: Kuppeltorte *im Bild unten: Quarkschichttorte* ➤

Die Fruchtigen

Ob Sie nun »wilde Früchtchen« aus dem eigenen Garten oder »gezähmte« aus der Dose verwenden: Obsttorten sind immer und zu jeder Jahreszeit heiß begehrt! Nicht nur Kinder werden bei diesen fruchtig-verlockenden Tortenkunststücken begeistert und vor allem immer wieder zugreifen.

Blitzrezepte

Birnentorte

FÜR 1 SPRINGFORM (12 STÜCK)

- **2 Eier | 125 g Zucker | 100 ml Öl 100 ml Milch | 150 g Mehl 2 EL Kakao | 1/2 Pck. Backpulver 2 Dosen Birnen (à 460 g) 2 Pck. Tortenguss klar | 600 g Sahne 6 EL Kakaogetränkepulver 2 EL Schokoraspel**

1 | Nach dem Grundrezept (S. 4) aus Eiern, Zucker, Öl, Milch, Mehl, Kakao und Backpulver einen Boden backen. Birnen abtropfen lassen, Saft auffangen. Boden mit Ring umstellen, Birnen darauf verteilen. Guss mit 500 ml Birnensaft nach Packungsanweisung zubereiten. Über die Birnen gießen und erstarren lassen. Sahne mit Kakaopulver steif schlagen, auf die Birnen geben. Mit Schokoraspeln bestreuen.

Mandarinentorte

FÜR 1 SPRINGFORM (12 STÜCK)

- **2 Eier | 125 g Zucker | 100 ml Öl 100 ml Orangensaft | 50 g Schokoraspel | 150 g Mehl | 1/2 Pck. Backpulver | 4 Dosen Mandarinen (à 175 g) 2 Pck. Tortenguss klar | 400 g Sahne 2 Pck. Vanillezucker | 200 g Schmand 1/2 TL Zimt**

1 | Aus Eiern, Zucker, Öl, Saft, Schokoraspeln, Mehl und Backpulver nach Grundrezept einen Boden backen. Mandarinen abtropfen lassen, Saft auffangen. Boden mit Ring umstellen. Guss mit 500 ml Saft zubereiten, Mandarinen bis auf 12 Spalten unterheben, auf dem Boden erstarren lassen. Sahne mit Zucker steif schlagen, Schmand unterziehen, darauf streichen, mit Zimt und Mandarinen verzieren.

raffiniert | für Gäste

Kirsch-Streusel-Torte

FÜR 1 SPRINGFORM
(12 STÜCK)

➤ **Für den Teig:**
2 Eier | 125 g Zucker
100 ml Öl
100 ml Orangensaft
150 g Mehl | 2 EL Kakao
1/2 Pck. Backpulver

➤ **Für den Streuselteig:**
150 g Butter
50 g Zucker | 200 g Mehl

➤ **Für die Füllung:**
2 Gläser Sauerkirschen (à 360 g)
1 Pck. Vanillepuddingpulver
2 EL Zucker | 400 g Sahne
2 Pck. Vanillezucker

Zubereitung: 55 Min.
Backzeit: 25 + 20 Min.

1 | Aus den Teigzutaten nach dem Grundrezept (s. S. 4) einen Boden backen.

2 | Für die Streusel Butter schmelzen, mit Zucker und Mehl mischen, mit den Händen auf ein gefettetes Blech bröseln. Im Ofen bei 200° (unten, Umluft 180°) in 15–20 Min. goldbraun backen und abkühlen lassen.

3 | Boden mit einem Tortenring umstellen. Kirschen abtropfen lassen, Saft auffangen, Pudding mit 500 ml Saft und Zucker nach Packungsanweisung kochen, Kirschen unterheben, auf dem Boden verteilen und abkühlen lassen. Sahne mit Vanillezucker steif schlagen, auf die Kirschmasse streichen und die Streusel darauf verteilen.

die mögen Kinder gern

Milchreistorte

FÜR 1 SPRINGFORM
(12 STÜCK)

➤ **Für den Teig:**
4 Eier | 250 g Zucker
200 ml Öl | 200 ml Milch
300 g Mehl
1 Pck. Backpulver

➤ **Für Füllung und Garnierung:**
750 ml Milch
160 g + 2 EL Zucker
Schale von 1 unbehandelten Zitrone
200 g Milchreis
14 Blatt Gelatine
800 g Sahne
1 kg Erdbeeren
1 Pck. Tortenguss rot
250 ml Apfelsaft

Zubereitung: 60 Min.
Backzeit: 45 Min.

1 | Aus den Teigzutaten nach dem Grundrezept (s. S. 4) einen Boden backen.

2 | Milch mit Zucker, Zitronenschale und Reis unter Rühren aufkochen, auf niedrigster Stufe 30–35 Min. quellen lassen. Gelatine einweichen, ausdrücken, in den Reis rühren. Unter mehrmaligem Umrühren auskühlen lassen.

3 | Kuchen einmal quer teilen, Boden mit Tortenring umstellen. Sahne steif schlagen, Reis löffelweise unterrühren, die Hälfte auf den Boden streichen, Deckel auflegen, mit dem restlichen Reis bestreichen. 2 Std. kühlen.

4 | Erdbeeren waschen, putzen und auf die Torte setzen. Guss mit Apfelsaft und 2 EL Zucker nach Packungsanweisung herstellen und auf den Erdbeeren verteilen.

im Bild oben: Milchreistorte *im Bild unten: Kirsch-Streusel-Torte* ➤

mal was anderes

Apfel-Cidre-Torte

FÜR 1 SPRINGFORM (12 STÜCK)

➤ **Für den Teig:**
4 Eier | 250 g Zucker
200 ml Öl
200 ml Apfelsaft
100 g Schokoraspel
300 g Mehl
1 Pck. Backpulver

➤ **Für Füllung und Garnierung:**
1,3 kg Äpfel (Boskop)
1 l Cidre
Saft von 1 Zitrone
600 g Sahne
2 Msp. Zimtpulver
1 Pck. Tortenguss klar
1 EL Zucker
2 Pck. Vanillezucker

Zubereitung: 60 Min.
Backzeit: 45 Min.

1 | Aus den Zutaten nach dem Grundrezept (s. S. 4) einen Boden backen. Äpfel vierteln, entkernen, schälen, in Spalten schneiden, mit Cidre und Zitronensaft aufkochen, in 3–4 Min. bissfest garen. Abtropfen lassen, Sud auffangen.

2 | Kuchen einmal quer teilen, Boden mit Ring umstellen, 400 g Sahne mit Zimt steif schlagen, aufstreichen, die Hälfte der Äpfel darauf verteilen, Deckel auflegen, mit restlichen Äpfeln fächerförmig belegen. Guss mit 250 ml Apfelsud und Zucker zubereiten, über die Äpfel geben, erstarren lassen. Ring entfernen. 200 g Sahne mit Vanillezucker steif schlagen, den Tortenrand bestreichen, den Rest mit dem Spritzbeutel als Tuffs aufspritzen.

karibisch | aromatisch

Ananas-Kokos-Torte

FÜR 1 SPRINGFORM (12 STÜCK)

➤ **Für den Teig:**
4 Eier | 250 g Zucker
200 ml Öl
200 ml Kokosmilch
300 g Mehl
1 Pck. Backpulver

➤ **Für Füllung und Garnierung:**
1 Dose Ananas (490 g)
4 EL Kokosraspel
600 g Sahne
2 Pck. Vanillezucker
2 Pck. Tortenguss klar
2 EL Zucker

Zubereitung: 60 Min.
Backzeit: 45 Min.

1 | Aus den Zutaten nach dem Grundrezept (s. S. 4) einen Boden backen. Ananas abtropfen lassen, Saft auffangen. Ananas fein würfeln. Kokosraspel ohne Fett leicht rösten.

2 | Kuchen einmal quer teilen, Tortenring um den Boden stellen. Sahne mit Vanillezucker steif schlagen, unter die Hälfte 2 EL Kokosraspel mischen, auf den Boden streichen, Deckel auflegen. Guss mit 500 ml Ananassaft und Zucker zubereiten, Ananasstückchen untermischen, auf den Kuchen geben und erstarren lassen.

3 | Ring entfernen, den Rand mit Sahne bestreichen, übrige Sahne mit einem Spritzbeutel mit kleiner Lochtülle in 2–3 Reihen dicht aneinander als kleine Tuffs auf die Torte spritzen. Mit Kokosraspeln bestreuen.

im Bild links: Ananas-Kokos-Torte *im Bild rechts: Apfel-Cidre-Torte* ➤

für Festtage

Pflaumentorte

FÜR 1 SPRINGFORM (12 STÜCK)

➤ **Für den Teig:**

4 Eier | 250 g Zucker
200 ml Öl
200 ml Traubensaft
200 g gem. Haselnüsse
1 TL Zimt | 300 g Mehl
1 Pck. Backpulver

➤ **Für Füllung und Garnierung:**

9 EL Zwetschgenwasser (nach Belieben)
1 Glas Pflaumen (395 g)
1 Pck. Tortenguss rot
2 EL Zucker | 600 g Sahne
3 Pck. Vanillezucker
2 EL Schokoladenspäne

Zubereitung: 60 Min.
Backzeit: 45 Min.
Kühlzeit: 3 Std.

1 | Aus den Teigzutaten nach dem Grundrezept (s. S. 4) einen Boden backen.

2 | Kuchen zweimal quer teilen, Böden mit Zwetschgenwasser tränken. Boden mit Tortenring umstellen. Pflaumen abtropfen lassen, Saft auffangen. Pflaumen würfeln. Guss mit 250 ml Saft und Zucker zubereiten, Pflaumen untermischen, auf den Boden verteilen, mittleren Boden auflegen. 200 g Sahne mit 1 Vanillezucker steif schlagen, aufstreichen, Deckel auflegen, 3 Std. kühl stellen.

3 | Ring entfernen. 400 g Sahne mit restlichem Vanillezucker steif schlagen, mit 2/3 die Torte rundum bestreichen. Restliche Sahne mit einem Spritzbeutel als Tuffs aufspritzen. Schokospäne darüber streuen.

festlich | gelingt leicht

Orangentorte

FÜR 1 SPRINGFORM (12 STÜCK)

➤ **Für den Teig:**

4 Eier | 250 g Zucker
200 ml Öl
200 ml Orangensaft
300 g Mehl | 4 EL Kakao
1 Pck. Backpulver

➤ **Für Füllung und Garnierung:**

3 Pck. Tortenguss klar
750 ml Orangensaft
6 EL Zucker
600 g Sahne
3 Pck. Vanillezucker
4 Orangen

Zubereitung: 60 Min.
Backzeit: 45 Min.

1 | Aus den Teigzutaten nach dem Grundrezept (s. S. 4) einen Boden backen.

2 | Kuchen zweimal quer teilen, Boden mit Tortenring umstellen. 2 Pck. Guss mit 500 ml Saft, 2 EL Zucker zubereiten, auf den Boden geben. Den mittleren Boden auflegen. Sahne mit Vanillezucker steif schlagen, 1/3 auf den Boden streichen, Deckel auflegen. Orangen mit einem scharfen Messer bis ins Fruchtfleisch schälen, in 5 mm dicke Scheiben schneiden, auf die Torte legen. Übrigen Guss mit übrigem Saft und Zucker zubereiten, auf den Orangen verteilen, erstarren lassen.

3 | Tortenring entfernen, mit dem Spritzbeutel mit Lochtülle restliche Sahne als enge Schlangenlinien auf den Tortenrand spritzen, auf die Torte Tuffs spritzen.

im Bild oben: Orangentorte *im Bild unten: Pflaumentorte* ➤

raffiniert | gelingt leicht

Cappuccino-Pfirsich-Torte

FÜR 1 SPRINGFORM (12 STÜCK)

➤ **Für den Teig:**
4 Eier | 250 g Zucker
200 ml Öl
200 ml Pfirsichnektar
300 g Mehl | 2 EL Kakao
1 Pck. Backpulver

➤ **Für Füllung und Garnierung:**
2 Dosen Pfirsiche (à 465 g)
800 g Sahne
9 EL Cappuccino-Getränkepulver
1 Pck. Tortenguss klar
1 Pck. Vanillezucker

🕓 Zubereitung: 50 Min.
🕓 Backzeit: 45 Min.

1 | Aus den Teigzutaten nach dem Grundrezept (s. S. 4) einen Boden backen.

2 | Pfirsiche abtropfen lassen, Saft auffangen. Kuchen einmal quer teilen, Boden mit Tortenring umstellen, mit Pfirsichhälften belegen. 600 g Sahne steif schlagen, 8 EL Cappuccinopulver einrieseln lassen, auf den Pfirsichen glatt streichen, Deckel auflegen. Restliche Pfirsiche pürieren, mit Pfirsichsaft zu 250 ml ergänzen, damit den Guss zubereiten und auf der Torte verteilen.

3 | Ring entfernen. 200 g Sahne mit Vanillezucker steif schlagen, mit einem Spritzbeutel mit Lochtülle konzentrische Kreise auf die Torte spritzen, mit dem restlichen Cappuccinopulver bestäuben.

exotisch | schnell

Kiwitorte

FÜR 1 SPRINGFORM (12 STÜCK)

➤ **Für den Teig:**
4 Eier | 250 g Zucker
200 ml Öl
200 ml Orangensaft
300 g Mehl
1 Pck. Backpulver

➤ **Für Füllung und Garnierung:**
7 Kiwis
800 g Sahne
2 Pck. Vanillezucker
1 Pck. Tortenguss klar
250 ml Apfelsaft
1 EL Zucker

🕓 Zubereitung: 60 Min.
🕓 Backzeit: 45 Min.

1 | Aus den Teigzutaten nach dem Grundrezept (s. S. 4) einen Boden backen.

2 | Kuchen einmal quer teilen, Boden mit Tortenring umstellen. 2 Kiwis schälen, pürieren. 400 g Sahne mit 1 Pck. Vanillezucker steif schlagen, Kiwimus unterziehen, Boden bestreichen, Deckel auflegen.

3 | 5 Kiwis schälen, in dünne Scheiben schneiden, fächerförmig auf die Torte legen. Guss mit Apfelsaft und Zucker zubereiten, über die Kiwis verteilen.

4 | Tortenring entfernen. Restliche Sahne mit übrigem Vanillezucker steif schlagen, mit der Hälfte den Tortenrand bestreichen, andere Hälfte in einen Spritzbeutel mit Lochtülle geben, gleichmäßige Wellenlinien auf die Torte spritzen.

im Bild oben: Kiwitorte   *im Bild unten: Cappuccino-Pfirsich-Torte* ➤

lockt den Sommer hervor

Rote-Grütze-Torte

FÜR 1 SPRINGFORM
(12 STÜCK)

➤ **Für den Teig:**
2 Eier | 125 g Zucker
100 ml Öl
100 ml Orangensaft
150 g Mehl | 2 EL Kakao
1/2 Pck. Backpulver

➤ **Für den Belag:**
1 Pck. Vanillepudding-pulver
750 ml Milch | 2 EL Zucker
75 g Weichweizengrieß
150 g Himbeeren
150 g Rote Johannisbeeren
1 Glas Sauerkirschen (360 g)
2 Pck. Tortenguss rot
4 EL Zucker

Zubereitung: 45 Min.
Backzeit: 25 Min.

1 | Aus den Teigzutaten nach dem Grundrezept (s. S. 4) einen Boden backen.

2 | Tortenring um den Boden stellen. Puddingpulver mit 3 EL Milch anrühren, restliche Milch mit Zucker aufkochen, Puddingpulver und Grieß einrühren, 3–4 Min. unter Rühren köcheln lassen. Grießpudding auf den Boden geben und auskühlen lassen.

3 | Himbeeren verlesen. Johannisbeeren waschen, abzupfen. Kirschen abtropfen lassen, Saft auffangen. Guss mit 500 ml Saft und Zucker zubereiten. Früchte unterheben, auf den Grieß geben, erstarren lassen.

für Gäste | aromatisch

Heidelbeer-Kefir-Torte

FÜR 1 SPRINGFORM
(12 STÜCK)

➤ **Für den Teig:**
2 Eier | 125 g Zucker
100 ml Öl
100 ml Orangensaft
150 g Mehl
1/2 Pck. Backpulver

➤ **Für Belag und Garnierung:**
1 Glas Heidelbeeren (200 g)
1 Pck. Tortenguss klar
2 EL + 75 g Zucker
6 Blatt weiße Gelatine
250 ml Kefir
Saft von 1/2 Zitrone
400 g Sahne
2 Pck. Vanillezucker
100 g TK-Heidelbeeren

Zubereitung: 50 Min.
Backzeit: 25 Min.

1 | Aus den Teigzutaten nach dem Grundrezept (s. S. 4) einen Boden backen.

2 | Heidelbeeeren abtropfen lassen, Saft auffangen. Boden mit Ring umstellen. Guss mit 250 ml Saft und 2 EL Zucker zubereiten, Beeren unterheben, auf dem Boden verteilen.

3 | Gelatine einweichen. Kefir, 75 g Zucker und Zitronensaft verrühren. Übrigen Beerensaft erwärmen, Gelatine darin auflösen, 3 EL Kefir einrühren, Gelatinemasse zügig in den Kefir rühren, 15 Min. kühl stellen. 200 g Sahne mit 1 Vanillezucker steif schlagen, unter den Kefir heben, auf die Torte streichen. 2 Std. kühlen.

4 | 200 g Sahne mit 1 Pck. Vanillezucker steif schlagen, muldenförmig auf die Torte streichen, Heidelbeeren darüber streuen, Ring entfernen.

im Bild oben: Heidelbeer-Kefir-Torte   im Bild unten: Rote-Grütze-Torte ➤

herb-süß

Grapefruit-Frischkäse-Torte

FÜR 1 SPRINGFORM (12 STÜCK)

➤ **Für den Teig:**
2 Eier | 125 g Zucker
100 ml Öl
100 ml Orangensaft
150 g Mehl
1 Pck. Backpulver

➤ **Für Belag und Garnierung:**
8 Blatt weiße Gelatine
8 rosa Grapefruits
150 g + 3 EL Zucker
400 g Frischkäse
200 g Sahne
1 Pck. Tortenguss klar

◷ Zubereitung: 50 Min.
◷ Backzeit: 25 Min.

1 | Aus den Teigzutaten nach dem Grundrezept (s. S. 4) einen Boden backen.

2 | Boden mit Ring umstellen. Gelatine einweichen. 450 ml Grapefruitsaft auspressen, die übrigen Grapefruits filetieren, Filets grob würfeln. 200 ml Saft leicht erwärmen, 150 g Zucker darin auflösen, Gelatine ausdrücken, im Saft auflösen, zügig mit dem Frischkäse verrühren. 15 Min. kühl stellen. Sahne steif schlagen, mit der Hälfte der Fruchtwürfel unter den Frischkäse heben, auf dem Boden verteilen, im Kühlschrank fest werden lassen.

3 | Restliche Fruchtwürfel über die Frischkäsecreme streuen. Guss mit übrigem Saft und Zucker zubereiten, auf der Torte verteilen und erstarren lassen.

für Gäste | preiswert

Bananentorte

FÜR 1 SPRINGFORM (12 STÜCK)

➤ **Für den Teig:**
2 mittelgroße Bananen
4 Eier | 250 g Zucker
200 ml Öl
200 ml Orangensaft
100 g gem. Haselnüsse
300 g Mehl
1 Pck. Backpulver

➤ **Für Füllung und Dekoration:**
100 g Zartbitterkuvertüre
7 mittelgroße Bananen
2 Pck. Tortenguss klar
5 EL Zitronensaft
4 EL Zucker | 800 g Sahne
2 Pck. Vanillezucker
2 EL Schokoraspel

◷ Zubereitung: 60 Min.
◷ Backzeit: 45 Min.

1 | 2 Bananen schälen, pürieren. Aus den Teigzutaten nach dem Grundrezept (s. S. 4) einen Boden backen.

2 | Kuvertüre schmelzen, 2 Bananen schälen, schräg in 1 cm dicke Scheiben schneiden, in die Kuvertüre tauchen, auf Alufolie trocknen lassen. Kuchen einmal quer teilen, Boden mit Ring umstellen. 5 Bananen schälen, in dünne Scheiben schneiden. Guss mit Zitronensaft, 450 ml Wasser und Zucker zubereiten, Bananen unterheben, auf dem Boden verteilen. Erstarren lassen.

3 | Sahne mit Vanillezucker steif schlagen, die Hälfte auf die Bananen streichen, Deckel auflegen. Ring entfernen, Torte mit restlicher Sahne bestreichen, mit Schokobananen und -raspeln garnieren.

im Bild oben: Grapefruit-Frischkäse-Torte *im Bild unten: Bananentorte* ➤

Die Sahnigen

Eine Torte ohne Sahne ist wie der Himmel ohne Sterne oder eben nur ein einfacher Rührkuchen! Sahnetorten sind für alle Tortenfans die Krönung Ihrer Kaffeetafel und Genuss pur. Lassen Sie sich verführen von diesen himmlisch sahnigen Torten und vergessen Sie die teuflischen Kalorien!

Blitzrezepte

Rotweincremetorte

FÜR 1 SPRINGFORM (12 STÜCK)

➤ 4 Eier | 250 g Zucker | 200 ml Öl
700 ml Rotwein | 300 g Mehl
150 g Schokoraspel | 3 EL Kakao
1 Pck. Backpulver | 1 Pck. Vanillepuddingpulver | 2 EL Zucker
600 g Sahne | 2 Pck. Vanillezucker

1 | Nach dem Grundrezept (S. 4) aus Eiern, Zucker, Öl, 200 ml Wein, Mehl, 100 g Schokoraspeln, Kakao und Backpulver einen Boden backen, auskühlen lassen. Kuchen aushöhlen, mit Ring umstellen. Ausgehöhlten Kuchen zerbröseln. Pudding mit 500 ml Wein und 2 EL Zucker zubereiten, in den Kuchen füllen, auskühlen lassen. Sahne mit Vanillezucker steif schlagen, Brösel unterheben, auf den Kuchen streichen. Mit Schokoraspeln bestreuen.

Eierlikörtorte

FÜR 1 SPRINGFORM (12 STÜCK)

➤ 4 Eier | 250 g Zucker | 200 ml Öl
300 ml Eierlikör | 300 g Mehl
1 Pck. Backpulver | 5 EL Aprikosenmarmelade | 400 g Sahne | 2 Pck. Vanillezucker | 2 EL Schokospäne

1 | Nach dem Grundrezept (S. 4) aus Eiern, Zucker, Öl, 200 ml Eierlikör, Mehl und Backpulver einen Boden backen, auskühlen lassen. Einmal quer teilen, Boden mit Tortenring umstellen. Mit glatt gerührter Marmelade bestreichen und Deckel auflegen. Sahne mit Vanillezucker steif schlagen, 5 EL Eierlikör einlaufen lassen, auf die Torte streichen. Mit restlichem Eierlikör bespritzen und Schokospäne darüber streuen.

beerenstark

Erdbeer-Sahne-Torte

FÜR 1 SPRINGFORM
(12 STÜCK)

➤ **Für den Teig:**
4 Eier | 250 g Zucker
200 ml Öl
200 ml Orangensaft
300 g Mehl
1 Pck. Backpulver

➤ **Für Füllung und Garnierung:**
600 g Erdbeeren
1 Pck. Tortenguss rot
3 EL Zucker | 800 g Sahne
4 EL Kakaogetränkepulver
2 Pck. Vanillezucker
3 EL Schokoraspel

◷ Zubereitung: 55 Min.
◷ Backzeit: 45 Min.

1 | Aus den Teigzutaten nach dem Grundrezept (s. S. 4) einen Boden backen.

2 | Erdbeeren waschen, 12 schöne Früchte mit Grün beiseite stellen, den Rest putzen, pürieren. Kuchen zweimal quer teilen, Boden mit Tortenring umstellen. Guss mit 500 ml Erdbeerpüree und Zucker zubereiten, auf den Boden geben. Zweiten Boden auflegen. 400 g Sahne steif schlagen, Kakaogetränkepulver einrieseln lassen, auf dem Boden verteilen, Deckel auflegen. Ring entfernen. 400 g Sahne mit Vanillezucker steif schlagen und Torte rundherum bestreichen. Restliches Erdbeerpüree darüber laufen lassen, die 12 Erdbeeren halbieren und auf der Torte verteilen. Mit Schokoraspeln bestreuen.

frisch am besten

Panna-Cotta-Torte

FÜR 1 SPRINGFORM
(12 STÜCK)

➤ **Für den Teig:**
4 Eier | 250 g Zucker
200 ml Öl | 200 ml Milch
300 g Mehl | 4 EL Kakao
1 Pck. Backpulver

➤ **Für Füllung und Garnierung:**
16 Blatt Gelatine weiß
1,5 l Sahne | 200 g Zucker
2 Pck. Vanillezucker
2 Stücke Zitronenschale
400 g Rote Johannisbeeren

◷ Zubereitung: 60 Min.
◷ Backzeit: 45 Min.

1 | Aus den Teigzutaten nach dem Grundrezept (s. S. 4) einen Boden backen.

2 | Kuchen einmal quer teilen, Boden mit einem extra hohen Tortenring umstellen. Gelatine einweichen. Sahne mit Zucker, Vanillezucker und Zitronenschale in einem Topf aufkochen lassen, 5 Min. weiterköcheln lassen. Vom Herd nehmen, Zitronenschale entfernen. Gelatine ausdrücken, in der Sahne auflösen. Einige Stunden abkühlen lassen, bis die Masse zu stocken beginnt.

3 | Inzwischen Johannisbeeren waschen, abtropfen lassen, mehrere schöne Rispen für die Garnierung beiseite stellen. Den Rest von den Stielen zupfen, mit der Hälfte der Panna Cotta mischen, auf den Boden geben, Deckel auflegen, restliche Panna Cotta darauf geben. 2 Std. kühl stellen. Mit Johannisbeerrispen belegen.

im Bild oben: Erdbeer-Sahne-Torte   im Bild unten: Panna-Cotta-Torte ➤

nicht so süß | schnell

Limettentorte

FÜR 1 SPRINGFORM (12 STÜCK)

➤ **Für den Teig:**

4 Eier | 250 g Zucker
200 ml Öl
100 ml Limettensaft
100 ml Orangensaft
300 g Mehl
1 Pck. Backpulver

➤ **Für Füllung und Garnierung:**

6 Limetten
1 Pck. Tortenguss klar
3 EL Zucker
800 g Sahne
4 Pck. Vanillezucker

Zubereitung: 55 Min.
Backzeit: 45 Min.

1 | Aus den Teigzutaten nach dem Grundrezept (s. S. 4) einen Boden backen.

2 | Kuchen einmal quer teilen, Boden mit Tortenring umstellen. Limetten heiß abwaschen, trockentupfen. Von 3 Limetten Schale abreiben, den Saft auspressen, mit Wasser auf 250 ml auffüllen, daraus Guss mit Zucker und Schale zubereiten, auf den Boden geben. Fest werden lassen.

3 | 2 Limetten auspressen. Sahne mit Vanillezucker steif schlagen, Limettensaft einlaufen lassen, die Hälfte der Sahne auf den Limettenguss streichen, Deckel auflegen. Ring entfernen, die Torte rundherum mit restlicher Limettensahne bestreichen. Letzte Limette in Scheiben schneiden, vierteln und auf der Torte verteilen.

Klassiker mit Frucht

Käsesahnetorte

FÜR 1 SPRINGFORM (12 STÜCK)

➤ **Für den Teig:**

4 Eier | 250 g Zucker
200 ml Öl
200 ml Orangensaft
300 g Mehl
1 Pck. Backpulver

➤ **Für Füllung und Garnierung:**

12 Blatt Gelatine
1 Dose Pfirsiche (465 g)
500 g Quark | 250 ml Milch
200 g Zucker
400 g Sahne
Puderzucker

Zubereitung: 50 Min.
Backzeit: 45 Min.
Kühlzeit: 3 Std.

1 | Aus den Teigzutaten nach dem Grundrezept (s. S. 4) einen Boden backen.

2 | Kuchen einmal quer teilen, Boden mit Tortenring umstellen. Gelatine einweichen. Pfirsiche abtropfen lassen, eine Hälfte pürieren, die andere klein würfeln. Quark mit Fruchtpüree verquirlen. Milch mit Zucker aufkochen lassen. Gelatine ausdrücken, darin auflösen, gründlich unter die Quarkmasse mischen, im Kühlschrank 1 Std. anstocken lassen.

3 | Sahne steif schlagen und mit den Pfirsichwürfeln unter die Quarkmasse heben. Masse auf den Boden geben, Deckel auflegen, 2 Std. kühl stellen. Den Tortenring entfernen und die Torte mit Puderzucker bestäuben.

im Bild oben: Käsesahnetorte *im Bild unten: Limettentorte* ➤

frisch am besten

Schokoladen-Himbeer-Torte

FÜR 1 SPRINGFORM (16 STÜCK)

➤ **Für den Teig:**
- 4 Eier | 250 g Zucker
- 200 ml Öl
- 200 ml Orangensaft
- 300 g Mehl | 4 EL Kakao
- 1 Pck. Backpulver

➤ **Für Füllung und Garnierung:**
- 200 g Zartbitter-Kuvertüre
- 600 g Himbeeren
- 1,2 kg Sahne
- 2 Pck. Vanillezucker

Zubereitung: 60 Min.
Backzeit: 45 Min.

1 | Aus den Teigzutaten nach dem Grundrezept (s. S. 4) einen Boden backen.

2 | Kuchen einmal quer teilen, Boden mit Tortenring umstellen. Kuvertüre klein hacken, schmelzen, abkühlen lassen. Himbeeren verlesen. 17 Beeren für die Deko beiseite stellen. 400 g Sahne mit 1 Vanillezucker steif schlagen, die Hälfte der Himbeeren unterheben, auf dem Boden verteilen. Deckel auflegen.

3 | 600 g Sahne schlagen, 1/3 unter die Kuvertüre rühren, den Rest mit den übrigen Himbeeren unterheben und auf den Kuchen geben. Ring entfernen. 200 g Sahne mit 1 Vanillezucker steif schlagen, mit dem Spritzbeutel mit großer Sterntülle 16 große Tuffs auf den oberen Rand, einen in die Mitte der Torte spritzen. Jeweils eine Himbeere darauf setzen.

gut vorzubereiten

Trauben-Sekt-Torte

FÜR 1 SPRINGFORM (12 STÜCK)

➤ **Für den Teig:**
- 2 Eier | 125 g Zucker
- 100 ml ÖL
- 100 ml Orangensaft
- 150 g Mehl
- 1/2 Pck. Backpulver

➤ **Für Belag und Garnierung:**
- 900 g Weintrauben (blaue und weiße gemischt)
- 2 Pck. Tortenguss klar
- 500 ml Rosé-Sekt
- 1 EL Zucker | 600 g Sahne
- 2 Pck. Vanillezucker
- 2 EL Mandelblättchen

Zubereitung: 50 Min.
Backzeit: 25 Min.

1 | Aus den Teigzutaten nach dem Grundrezept (s. S. 4) einen Boden backen.

2 | Weintrauben waschen, entstielen, abtropfen lassen, 100 g für die Dekoration beiseite stellen. Boden mit Tortenring umstellen. Guss mit Sekt und Zucker zubereiten, Trauben unterheben und auf dem Boden verteilen. Fest werden lassen.

3 | Sahne mit Vanillezucker steif schlagen und auf die Obstmasse streichen. Für die Garnierung Weintrauben halbieren, auf die Torten legen und mit Mandelblättchen bestreuen.

im Bild oben: Schokoladen-Himbeer-Torte *im Bild unten: Trauben-Sekt-Torte* ➤

sommerlich frisch

Hüttenkäse-Mandarinen-Torte

FÜR 1 SPRINGFORM (12 STÜCK)

➤ **Für den Teig:**
2 Eier | 125 g Zucker
100 ml Öl | 100 ml Milch
150 g Mehl
1/2 Pck. Backpulver

➤ **Für Belag und Garnierung:**
7 Blatt Gelatine
700 g Sahne
70 g + 2 EL Zucker
Saft von 1 und abgeriebene Schale von 1/2 Zitrone
400 g Hüttenkäse
4 Dosen Mandarinen (à 175 g)
1 Pck. Tortenguss klar

Zubereitung: 50 Min.
Backzeit: 25 Min.
Kühlzeit: 1 Std.

1 | Aus den Teigzutaten nach dem Grundrezept (s. S. 4) einen Boden backen.

2 | Gelatine einweichen. Boden mit Ring umstellen. 100 g Sahne und 70 g Zucker erwärmen. Gelatine ausdrücken, darin auflösen, mit Zitronensaft und -schale unter den Hüttenkäse rühren. 400 g Sahne schlagen, unterheben, auf den Tortenboden geben. 1 Std. kühl stellen.

3 | Mandarinen abtropfen lassen, Saft auffangen. Mandarinen auf die Torte legen. Guss mit 250 ml Mandarinensaft und 2 EL Zucker zubereiten, über Mandarinen verteilen. Ring entfernen. Restliche Sahne schlagen, Tuffs an den Rand spritzen.

für Festtage

Dreierlei Sahne-Torte

FÜR 1 SPRINGFORM (12 STÜCK)

➤ **Für den Teig:**
4 Eier | 250 g Zucker
200 ml Öl
200 ml Schokomilch
100 g Schokoraspel
300 g Mehl | 3 EL Kakao
1 Pck. Backpulver

➤ **Für Füllung und Dekoration:**
12 EL Whisky-Sahne-Likör (nach Belieben)
800 g Sahne
3 Pck. Vanillezucker
3 EL starker kalter Kaffee
5 EL Kakaogetränkepulver
4 Msp. Zimtpulver
50 g Borkenschokolade

Zubereitung: 1 Std.
Backzeit: 45 Min.
Kühlzeit: 1 Std.

1 | Aus den Teigzutaten nach dem Grundrezept (s. S. 4) einen Boden backen.

2 | Kuchen zweimal quer teilen, Boden mit Ring umstellen, mit 4 EL Likör tränken. 200 g Sahne mit 1 Pck. Vanillezucker steif schlagen, Kaffee dazugeben, auf den Boden streichen. Zweiten Boden auflegen, mit 4 EL Likör tränken. 200 g Sahne steif schlagen, Kakaopulver unterrühren, auf dem Boden verteilen, Deckel auflegen, mit restlichem Likör tränken. 1 Std. kühl stellen.

3 | Ring entfernen. Restliche Sahne mit Zucker schlagen, 5 EL Sahne in einen Spritzbeutel füllen. Zimt unter die Sahne mischen, Torte damit bestreichen. Tuffs aufspritzen, mit Schokolade verzieren.

im Bild oben: Hüttenkäse-Mandarinen-Torte *im Bild unten: Dreierlei Sahne-Torte* ➤

schokoladig-fruchtig

Stracciatella-Brombeer-Torte

FÜR 1 SPRINGFORM (12 STÜCK)

➤ **Für den Teig:**
4 Eier | 250 g Zucker
200 ml Öl | 200 ml Milch
100 g Schokoraspel
300 g Mehl
1 Pck. Backpulver

➤ **Für Füllung und Dekoration:**
500 g Brombeeren
600 g Sahne
2 Pck. Vanillezucker
200 g Schmand
50 g Schokoraspel

Zubereitung: 45 Min.
Backzeit: 45 Min.

1 | Aus den Teigzutaten nach dem Grundrezept (s. S. 4) einen Boden backen.

2 | Brombeeren verlesen, 20 Stück für die Dekoration beiseite stellen. Kuchen einmal quer teilen, Boden mit einem Tortenring umstellen. 200 g Sahne mit 1 Pck. Vanillezucker steif schlagen, Schmand und Brombeeren unterheben, auf den Boden geben, Deckel auflegen.

3 | Ring entfernen. Restliche Sahne mit Vanillezucker steif schlagen, Schokoraspel unterheben. Torte rundum mit Stracciatella-Sahne bestreichen und Brombeeren darauf verteilen.

herb-süß

Kaffee-Mango-Torte

FÜR 1 SPRINGFORM (12 STÜCK)

➤ **Für den Teig:**
4 Eier
250 g Zucker
200 ml Öl
200 ml kalter Kaffee
200 g gem. Haselnüsse
300 g Mehl
1 Pck. Backpulver

➤ **Für Füllung und Dekoration:**
1 Pck. Tortenguss klar
300 ml kalter Kaffee
2 EL Zucker | 800 g Sahne
2 Pck. Vanillezucker
2 Dosen Mango (à 230 g)
Schokobohnen zum Belegen

Zubereitung: 65 Min.
Backzeit: 45 Min.

1 | Aus den Teigzutaten nach dem Grundrezept (s. S. 4) einen Boden backen.

2 | Kuchen einmal quer teilen, Boden mit Tortenring umstellen. Guss mit 250 ml Kaffee und 2 EL Zucker zubereiten, auf dem Boden verteilen und fest werden lassen. 400 g Sahne mit 1 Pck. Vanillezucker steif schlagen, auf der Kaffeemasse verteilen, Deckel auflegen.

3 | Mangos abtropfen lassen, Früchte in dünne Scheiben schneiden und fächerförmig auf der Torte verteilen. Restliche Sahne mit 1 Pck. Vanillezucker steif schlagen, den restlichen Kaffee einlaufen lassen, die Hälfte auf die Mangos streichen, Tortenring entfernen und Tortenrand bestreichen. Schokobohnen auf die Torte legen.

im Bild oben: Kaffee-Mango-Torte *im Bild unten: Stracciatella-Brombeer-Torte* ➤

viel Mandelaroma

Amaretto-Sahne-Torte

FÜR 1 SPRINGFORM (12 STÜCK)

➤ **Für den Teig:**
4 Eier | 250 g Zucker
200 ml Öl
200 ml Orangensaft
300 g Mehl | 4 EL Kakao
1 Pck. Backpulver

➤ **Für Füllung und Garnierung:**
8 EL Amaretto
800 g Sahne
2 Pck. Vanillezucker
350 g Amaretti (ital. Mandelgebäck)
1 EL Kakao

Zubereitung: 45 Min.
Backzeit: 45 Min.

1 | Aus den Teigzutaten nach dem Grundrezept (s. S. 4) einen Boden backen.

2 | Kuchen einmal quer teilen, Boden mit Tortenring umstellen und mit 4 EL Amaretto tränken. Sahne mit Vanillezucker steif schlagen und 2/3 auf den Boden geben. 12 Amaretti für Dekoration aufheben, die restlichen in die Sahne drücken, Deckel auflegen, mehrfach mit einem Holzstäbchen einstechen, mit 4 EL Amaretto tränken. Restliche Sahne auf die Torte streichen, die Amaretti auf den Rand entlang setzen. Die Mitte der Torte mit Kakao bestäuben.

macht was her

Marzipantorte

FÜR 1 SPRINGFORM (12 STÜCK)

➤ **Für den Teig:**
4 Eier | 250 g Zucker
200 ml Öl
200 ml Orangensaft
200 g gem. Walnüsse
300 g Mehl
1 Msp. Nelkenpulver
1 Pck. Backpulver

➤ **Für Füllung und Garnierung:**
50 g Zartbitterkuvertüre
12 Walnusshälften
5 EL schwarzes Johannisbeergelee
600 g Sahne
1 Pck. Vanillezucker
400 g Marzipanrohmasse
100 g Puderzucker
1 EL Kakao | 1 TL Rum

Zubereitung: 60 Min.
Backzeit: 45 Min.

1 | Aus den Teigzutaten nach dem Grundrezept (s. S. 4) einen Boden backen. Kuvertüre schmelzen, Walnüsse zur Hälfte eintauchen. Auf Alufolie trocknen lassen.

2 | Kuchen zweimal quer teilen, Boden mit Johannisbeergelee bestreichen, zweiten Boden auflegen. Sahne mit Vanillezucker steif schlagen, 1/3 der Sahne auf den Boden streichen, Deckel auflegen. 4 EL Sahne in einen Spritzbeutel mit Sterntülle geben, kühl stellen. Torte rundum mit Sahne bestreichen.

3 | Marzipan mit Puderzucker, Kakao und Rum verkneten, zwischen Frischhaltefolie zu einem Kreis von 36 cm Ø ausrollen, wie ein Tischtuch auf die Torte legen. 12 Sahnetuffs aufspritzen und mit den Walnüssen verzieren.

im Bild oben: Marzipantorte *im Bild unten: Amaretto-Sahne-Torte* ➤

Die Cremigen

Für die meisten ist die Cremetorte der Inbegriff der Torte: herrlich lockerer Teig und zart schmelzende Creme! Da darf der heiß geliebte Klassiker, die Buttercremetorte, natürlich nicht fehlen. Wer kann – bzw. will – bei diesen süßen Sünden schon widerstehen?

Blitzrezepte

Schokocremetorte

FÜR 1 SPRINGFORM (12 STÜCK)

➤ **4 Eier | 250 g Zucker | je 200 ml Öl und Milch | 300 g Mehl | 4 EL Kakao 1 Pck. Backpulver | 1 Pck. Schokoladenpuddingpulver | 500 ml Milch | 5 EL Brombeermarmelade | 250 g weiche Butter | 100 g Puderzucker | 200 g Zartbitterkuvertüre | 1 TL Kokosfett**

1 | Aus den Zutaten nach dem Grundrezept (s. S. 4) einen Boden backen. Pudding mit Milch kochen, abkühlen lassen. Kuchen zweimal quer teilen, Boden mit Marmelade bestreichen, zweiten Boden auflegen. Butter mit Puderzucker cremig schlagen, Pudding löffelweise unterrühren. 1/3 auf den Boden streichen, Deckel auflegen, Torte rundum bestreichen. Kuvertüre mit Fett schmelzen, Torte überziehen.

Mandelcremetorte

FÜR 1 SPRINGFORM (12 STÜCK)

➤ **4 Eier | 250 g Zucker | je 200 ml Öl und Orangensaft | 200 g gem. Mandeln 300 g Mehl | 1 Pck. Backpulver | 1 Pck. Sahnepuddingpulver | 500 ml Milch 5 EL Johannisbeergelee | 250 g weiche Butter | 100 g Puderzucker | 200 g Mandelblättchen**

1 | Aus den Zutaten nach dem Grundrezept (s. S. 4) einen Boden backen. Pudding mit Milch kochen, abkühlen lassen. Kuchen einmal quer teilen, Boden mit Gelee bestreichen. Butter mit Puderzucker schlagen, Pudding löffelweise unterrühren. 2/3 der Creme mit 150 g Mandeln mischen, auf den Boden streichen. Deckel auflegen, rundherum mit restlicher Creme bestreichen. Mit Mandeln bestreuen.

mal was anderes

Vanille-Kokoscreme-Torte

FÜR 1 SPRINGFORM (12 STÜCK)

➤ **Für den Teig:**
125 g Möhren | 4 Eier
250 g Zucker | 200 ml Öl
200 ml Karottensaft
200 g gem. Haselnüsse
300 g Mehl
1 Pck. Backpulver

➤ **Für Füllung und Garnierung:**
1 Pck. Sahnepudding-pulver
500 ml Kokosmilch
250 g weiche Butter
100 g Puderzucker
200 g Zartbitterkuvertüre
1 TL Kokosfett
2 EL Kokosraspel

Zubereitung: 55 Min.
Backzeit: 45 Min.
Kühlzeit: 1 Std.

1 | Möhren putzen, schälen, fein raspeln. Aus den Teigzutaten nach dem Grundrezept (s. S. 4) einen Boden backen. Pudding mit Kokosmilch nach Packungsanweisung zubereiten, abkühlen lassen.

2 | Kuchen einmal quer teilen, einen Tortenring um den Boden stellen. Butter mit Puderzucker cremig schlagen, Pudding löffelweise unterrühren. 2/3 der Masse auf den Boden geben, Deckel auflegen, restliche Creme aufstreichen, 1 Std. kühl stellen.

3 | Tortenring entfernen. Kuvertüre mit Kokosfett schmelzen und die Torte damit überziehen. Kokosraspel darüber streuen und trocknen lassen.

gelingt leicht | schnell

Nougatcremetorte

FÜR 1 SPRINGFORM (12 STÜCK)

➤ **Für den Teig:**
4 Eier | 250 g Zucker
200 ml Öl | 200 ml Milch
200 g gem. Haselnüsse
300 g Mehl
1 Pck. Backpulver

➤ **Für die Füllung:**
1 Pck. Sahnepudding-pulver
500 ml Milch
250 g weiche Butter
200 g Nussnougatcreme
12–16 Nougatherzen

Zubereitung: 50 Min.
Backzeit: 45 Min.

1 | Aus den Teigzutaten nach dem Grundrezept (s. S. 4) einen Boden backen. Pudding mit Milch nach Packungsanweisung zubereiten, abkühlen lassen.

2 | Kuchen einmal quer teilen. Butter mit Nussnougatcreme cremig schlagen, Pudding löffelweise unterrühren. 1/3 der Creme auf den Boden streichen. Deckel auflegen, Torte mit restlicher Nougatcreme ringsum bestreichen und die Nougatherzen darauf verteilen.

im Bild oben: Vanille-Kokoscreme-Torte *im Bild unten: Nougatcremetorte* ➤

Gruß aus Italien

Mascarponecremetorte

FÜR 1 SPRINGFORM (12 STÜCK)

➤ **Für den Teig:**
2 Eier | 125 g Zucker
100 ml Öl | 100 ml Rotwein
50 g Schokoraspel
50 g gem. Haselnüsse
150 g Mehl | 2 EL Kakao
1/2 Pck. Backpulver

➤ **Für den Belag:**
6 mittelgroße Birnen
250 ml Rotwein
250 ml Apfelsaft
100 g Zucker
1 Msp. Zimtpulver
500 g Mascarpone
2 Pck. Vanillezucker
200 g Sahne
1 Pck. Tortenguss rot

Zubereitung: 50 Min.
Backzeit: 25 Min.

1 | Aus den Teigzutaten nach dem Grundrezept (s. S. 4) einen Boden backen. Birnen schälen, halbieren, entkernen, in Rotwein, Apfelsaft, 50 g Zucker und Zimt erhitzen, in 5–10 Min. bissfest dünsten.

2 | Boden mit Ring umstellen. Mascarpone mit restlichem Zucker, Vanillezucker und Zitronensaft verrühren. Sahne steif schlagen, unterheben, auf den Boden streichen. Birnen abgießen, Sud auffangen. Birnen auf die Torte legen. Tortenguss mit 250 ml Sud zubereiten, über die Birnen geben.

fruchtig-erfrischend

Aprikosencremetorte

FÜR 1 SPRINGFORM (12 STÜCK)

➤ **Für den Teig:**
4 Eier
250 g Zucker
200 ml Öl
200 ml Orangensaft
300 g Mehl
1 Pck. Backpulver

➤ **Für Füllung und Dekoration:**
2 Dosen Aprikosen (à 480 g)
1 Pck. Sahnepuddingpulver
2 Pck. Tortenguss klar
2 EL Zucker
250 g weiche Butter
75 g Puderzucker

Zubereitung: 55 Min.
Backzeit: 45 Min.

1 | Aus den Teigzutaten nach dem Grundrezept (s. S. 4) einen Boden backen. Aprikosen abtropfen lassen, Saft auffangen. Pudding mit 500 ml Saft zubereiten, zugedeckt abkühlen lassen.

2 | Kuchen zweimal quer teilen, Boden mit Tortenring umstellen. Die Hälfte der Aprikosen pürieren (evtl. mit etwas Saft auf 500 ml auffüllen). Guss mit Fruchtpüree und Zucker zubereiten, auf den Boden geben, zweiten Boden auflegen.

3 | Butter mit Puderzucker cremig schlagen, Pudding löffelweise unterrühren. 2/3 der Creme auf den Boden streichen. 6 Aprikosenhälften für die Garnierung in Streifen schneiden, restliche Früchte in die Creme drücken, Deckel auflegen. Übrige Creme aufstreichen, Torte mit den Fruchtspalten verzieren.

im Bild oben: Aprikosencremetorte *im Bild unten: Mascarponecremetorte* ➤

wenn's was zu feiern gibt

Buttercremetorte

1 SPRINGFORM (16 STÜCK)

➤ **Für Teig 1:**
2 Eier | 125 g Zucker
100 ml Öl
100 ml Orangensaft
150 g Mehl
1/2 Pck. Backpulver

➤ **Für Teig 2:**
2 Eier | 125 g Zucker
100 ml Öl | 100 ml Milch
100 g gem. Haselnüsse
150 g Mehl
1/2 Pck. Backpulver

➤ **Für Teig 3:**
2 Eier | 125 g Zucker
100 ml Öl
100 ml Orangensaft
150 g Mehl
2 EL Kakao
1/2 Pck. Backpulver

➤ **Für Füllung und Dekoration:**
2 Pck. Vanillepudding-pulver
1 l Milch
500 g weiche Butter
200 g Puderzucker
6 EL Erdbeermarmelade
12 Schokoblätter
100 g Haselnusskrokant

Zubereitung: 1 Std. 10 Min.
Backzeit: 3 x 25 Min.
Kühlzeit: 2 Std.

1 | Nacheinander aus den Teigzutaten nach dem Grundrezept (s. S. 4) die drei Böden backen. Pudding mit Milch nach Packungsanweisung zubereiten, abkühlen lassen.

2 | Butter mit Puderzucker cremig schlagen und Pudding löffelweise unterschlagen.

3 | Ersten Boden mit glatt gerührter Marmelade bestreichen. Zweiten Boden darauf legen und mit 1/4 der Buttercreme bestreichen. Dritten Boden auflegen und ebenfalls mit einem 1/4 der Creme bestreichen.

4 | 5 EL Creme in einen Spritzbeutel mit großer Sterntülle geben. Torte mit der restlichen Creme rundum bestreichen. Tuffs aufspritzen, mit Krokant bestreuen und mit Schokoblättern verzieren. 2 Std. kühl stellen.

TIPP

Die klassische Buttercremetorte wird mit Vanillepudding zubereitet. Versuchen Sie es auch einmal mit Schokoladenpudding oder – ganz besonders fein – Karamellpudding.

Für die Buttercreme achten Sie auf die richtige Temperatur und Konsistenz der einzelnen Zutaten. Lassen Sie den Pudding unbedingt abkühlen, bevor Sie die Butter darunter rühren, da die Creme gerinnen kann. Denken Sie daran, die Butter rechtzeitig aus dem Kühlschrank zu nehmen, damit sie weich ist.

herbsüß | für Gourmets

Kaffeecremetorte

FÜR 1 SPRINGFORM (12 STÜCK)

➤ **Für den Teig:**
4 Eier | 250 g Zucker
200 ml Öl | 200 ml Milch
300 g Mehl
1 Pck. Backpulver

➤ **Für die Creme:**
1 Pck. Sahnepuddingpulver
300 ml kalter Kaffee
200 ml Milch
250 g weiche Butter
100 g Puderzucker
6 EL Orangenmarmelade
3 EL Cappuccinopulver

◷ Zubereitung: 50 Min.
◷ Backzeit: 45 Min.
◷ Kühlzeit: 2 Std.

1 | Aus den Teigzutaten nach dem Grundrezept (s. S. 4) einen Boden backen. Pudding mit Kaffee und Milch nach Packungsanweisung zubereiten, abkühlen lassen.

2 | Butter mit Puderzucker cremig schlagen und Pudding löffelweise unterrühren.

3 | Kuchen zweimal quer teilen, Boden mit Marmelade bestreichen. Zweiten Boden auflegen, ein Drittel der Creme darauf streichen, Deckel auflegen und Torte rundum mit der restlichen Creme bestreichen. Mit einem Löffel kleine Mulden in die Oberfläche drücken und kühl stellen. Vor dem Servieren mit Cappuccinopulver besieben.

wunderbar nussig

Walnusstorte

FÜR 1 SPRINGFORM (12 STÜCK)

➤ **Für den Teig:**
200 g Walnusskerne
4 Eier | 250 g Zucker
200 ml Öl
200 ml Orangensaft
300 g Mehl | 1 TL Zimt
1 Pck. Backpulver

➤ **Für Füllung und Dekoration:**
1 Pck. Sahnepuddingpulver
500 ml Milch
200 g Walnusskerne
280 g weiche Butter
100 g Zucker
100 g Puderzucker
5 EL Holundergelee

◷ Zubereitung: 65 Min.
◷ Backzeit: 45 Min.
◷ Kühlzeit: 2 Std.

1 | Walnüsse mahlen. Aus den Teigzutaten nach dem Grundrezept (s. S. 4) einen Boden backen. Pudding mit Milch kochen, abkühlen lassen.

2 | Walnüsse grob hacken. 30 g Butter erhitzen, Zucker zugeben und unter Rühren hellbraun karamellisieren lassen. Nüsse zugeben und kurz unterrühren, Karamell auf Alufolie verteilen und abkühlen lassen. 250 g Butter mit Puderzucker cremig schlagen und Pudding löffelweise unterrühren.

3 | Kuchen zweimal quer teilen. Boden mit glatt gerührtem Gelee bestreichen, zweiten Boden auflegen, mit Creme bestreichen, Deckel auflegen und Torte rundum mit Creme bestreichen. Krokant grob zerkleinern und Torte damit bestreuen. 2 Std. kühl stellen.

im Bild oben: **Walnusstorte** *im Bild unten:* **Kaffeecremetorte** ➤

zart schmelzend

Weihnachtsrüffeltorte

FÜR 1 SPRINGFORM (12 STÜCK)

- **Für den Teig:**
  - **4 Eier**
  - **200 g Zucker**
  - **200 ml Öl**
  - **200 ml Orangensaft**
  - **300 g Mehl**
  - **4 EL Kakao**
  - **1 Pck. Backpulver**
- **Für Füllung und Garnierung:**
  - **600 g Zartbitterschokolade**
  - **10 EL Milch**
  - **250 g Butter**
  - **150 g Puderzucker**
  - **4 Msp. gem. Koriander**
  - **5 Msp. Zimtpulver**
  - **2 EL Kakao**
  - **200 g Zartbitterkuvertüre**
  - **1 TL Kokosfett**

Zubereitung: 60 Min.
Backzeit: 45 Min.
Kühlzeit: 3 Std.

1 | Aus den Teigzutaten nach dem Grundrezept (s. S. 4) einen Boden backen.

2 | Kuchen zweimal quer teilen, Boden mit Tortenring umstellen. Schokolade zerkleinern. Milch erwärmen, Butter und Schokolade darin schmelzen, Puderzucker mit Gewürzen unterrühren.
12 EL Trüffelmasse für die Dekoration abteilen und im Kühlschrank fest werden lassen.

3 | Ein Drittel der Trüffelmasse auf den Boden streichen, zweiten Boden auflegen, ebenfalls mit einem Drittel der Masse bedecken, Deckel auflegen und restliche Trüffelmasse darauf verteilen. 1 Std. kühl stellen. Für die Dekoration 12 gleichmäßige Trüffel drehen und in Kakao wälzen. Kühl stellen.

4 | Kuvertüre mit Kokosfett schmelzen lassen. Tortenring entfernen und Torte mit der Kuvertüre überziehen. Trüffel auf den oberen Rand setzen und trocknen lassen. Die Torte im Kühlschrank aufbewahren. 2 Std. vor dem Servieren aus der Kühlung nehmen, dann hat sie die perfekte Konsistenz und das entsprechende Aroma.

TIPP

Familie, Freunde und Bekannte freuen sich ganz bestimmt über selbst gemachte Weihnachtstrüffel! Trüffelmasse nach Rezept herstellen, gut durchkühlen lassen. Mit einem Teelöffel gleich große Stücke abstechen und zu Kugeln drehen. In gesiebtem Puderzucker oder Kakao wälzen und hübsch verpacken.

Zum Gebrauch

Damit Sie Rezepte mit bestimmten Zutaten noch schneller finden können, stehen in diesem Register Zutaten wie **Erdbeeren** oder **Schokolade** – ebenfalls alphabetisch geordnet und **hervorgehoben** – über den entsprechenden Rezepten.

Die Autorin

Gina Greifenstein lebt mit ihrer Familie in der Südpfalz. Nach Tätigkeiten in der Gastronomie, im Buchhandel und bei der Zeitung hat sie das Schreiben endgültig zu ihrem Beruf gemacht – sie ist Autorin von Krimis, Kinderbüchern und Kochbüchern. Mit ihrer Ausbildung zur staatlich geprüften Hauswirtschafterin lernte sie das Koch- und Küchenhandwerk von der Pike auf. Das vorliegende Buch ist die Fortsetzung ihres Erfolgstitels »1 Teig – 50 Kuchen«, der ebenfalls als GU-Ratgeber erschien.

Der Fotograf

Der individuelle, atmosphärenreiche Stil von **Michael Brauner** wird überall geschätzt: in der Werbung ebenso wie in vielen bekannten Verlagen. In seinem Studio in Karlsruhe setzt er die Rezepte zahlreicher GU-Titel stimmungsvoll ins Bild.

Bildnachweis

Alle Bilder:
Michael Brauner, Karlsruhe
Titelbildrezept:
Schokocremetorte S. 49

Hinweis

Die Temperaturstufen bei Gasherden variieren von Hersteller zu Hersteller. Welche Stufe Ihres Herdes der angegebenen Temperatur entspricht, entnehmen Sie bitte der Gebrauchsanweisung.

Programmleitung:
Doris Birk
Redaktion: Stefanie Poziombka
Lektorat: Bettina Bartz
Satz:
Verlagssatz Lingner
Umschlaggestaltung, Layout, Typografie: independent medien-Design, München
Herstellung:
Martina Müller
Reproduktion:
Repro Ludwig, Zell am See
Druck: Appl, Wemding
Bindung: Sellier, Freising

ISBN 978-3-7742-6883-8

3. Auflage 2008

GRÄFE UND UNZER

Ein Unternehmen der
GANSKE VERLAGSGRUPPE

DAS ORIGINAL GU MIT GARANTIE

Unsere Garantie

Alle Informationen in diesem Ratgeber sind sorgfältig und gewissenhaft geprüft. Sollte dennoch einmal ein Fehler enthalten sein, schicken Sie uns das Buch mit dem entsprechenden Hinweis an unseren Leserservice zurück. Wir tauschen Ihnen den GU-Ratgeber gegen einen anderen zum gleichen oder ähnlichen Thema um.

Liebe Leserin und lieber Leser,

wir freuen uns, dass Sie sich für ein GU-Buch entschieden haben. Mit Ihrem Kauf setzen Sie auf die Qualität, Kompetenz und Aktualität unserer Ratgeber. Dafür sagen wir Danke! Wir wollen als führender Ratgeberverlag noch besser werden. Daher ist uns Ihre Meinung wichtig. Bitte senden Sie uns Ihre Anregungen, Ihre Kritik oder Ihr Lob zu unseren Büchern. Haben Sie Fragen oder benötigen Sie weiteren Rat zum Thema? Wir freuen uns auf Ihre Nachricht!

Wir sind für Sie da!
Montag – Donnerstag: 8.00 – 18.00 Uhr;
Freitag: 8.00 – 16.00 Uhr
Tel.: 0180 - 5 00 50 54*
Fax: 0180 - 5 01 20 54*
E-Mail:
leserservice@graefe-und-unzer.de

*(0,14 €/Min. aus dem dt. Festnetz/ Mobilfunkpreise können abweichen.)

P.S.: Wollen Sie noch mehr Aktuelles von GU wissen, dann abonnieren Sie doch unseren kostenlosen GU-Online-Newsletter und/oder unsere kostenlosen Kundenmagazine.

GRÄFE UND UNZER VERLAG
Leserservice
Postfach 86 03 13
81630 München

VORBACKEN

- Backen Sie die Böden für Ihre Torten am Tag vorher. Der Boden kann sich dann über Nacht etwas »setzen« und lässt sich am nächsten Tag besser durchschneiden.
- Für größere Feste die Böden schon zwei Tage vorher backen. Am Tag davor teilen und füllen, aber erst am Morgen des großen Tags fertig verzieren.

Geling-Garantie für himmlische Torten

TORTEN EINFRIEREN

- Die Böden lassen sich sehr gut vorbacken und einfrieren. Nach dem Auftauen kann man sie ganz normal weiterverarbeiten.
- Cremetorten und Torten mit gelatinehaltigen Füllungen sind zum Einfrieren ungeeignet.

TORTEN AUFBEWAHREN

- Torten mit Sahne-, Creme- oder Obstfüllung gehören in den Kühlschrank – dort halten sie sich gut mehrere Tage.
- Damit die Torte nicht den Geschmack von anderen Lebensmitteln annehmen kann: immer mit einer Tortenhaube abdecken!

OBST

- Wenn Sie frisches Obst verarbeiten wollen, achten Sie darauf, dass die Früchte frisch und vollreif sind, dann haben sie das beste Aroma.
- Früchte aus dem Glas sind ein guter Ersatz – durch das Einkochen mit Zucker sind sie oft aromatischer als frische Früchte.